JN411479

시인 윤석진

내 시간의 풍경

윤석진 시집

시와사람

윤석진 시집

내 시간의 풍경

2019년 12월 15일 인쇄
2019년 12월 25일 발행

지은이 | 윤 석 진
펴낸이 | 강 경 호
인쇄 · 기획 | 도서출판 시와사람
등록 | 1994년 6월 10일 제 05-01-0155호
주소 | 광주시 동구 백서로 125번길 32-5(금동)
전화 | (062)224-5319
팩스 | (062)225-5319
E-mail | jcapoet@hanmail.net

ISBN978-89-5665-556-7 03810

값 10,000원

· 잘못된 책은 바꾸어 드립니다.

이 도서의 국립중앙도서관 출판예정도서목록(CIP)은 서지정보유통지원시스템 홈페이지(http://seoji.nl.go.kr)와 국가자료종합목록 구축시스템(http://kolis-net.nl.go.kr)에서 이용하실 수 있습니다.
(CIP제어번호 : CIP2019050971)

공급처 ■ 한국출판협동조합
경기도 파주시 탄현면 오금리 202번지
주문전화 (02)716-5616, 070-7119-1740

내 시간의 풍경

■ 自序

오랫동안 내 시간의 풍경은 적막했다. 그 풍경을 이루는 사물들은 아무도 그림자를 갖지 못했다. 그들은 생기를 잃고 잔바람에도 심하게 흔들렸다. 시간은 내 의지와 상관없이 허공에 흩어지는 담배연기처럼 흘러갔다. 희망의 고통이 사라진 나는 간혹 궂은비 내리는 人寰의 거리를 배회했다. 그런 시간이 두꺼운 지층을 이루고 내 마음의 밭에는 한여름에도 눈이 내렸다.

이제 나는 적막한 내 시간의 풍경에 꽃들이 피어나고, 풀벌레들이 노래하고, 새들이 歸巢의 둥지를 틀고, 아이들의 해맑은 웃음소리가 울려 퍼지기를 바란다. 바스러지는 겨울 낙엽 같은 내 마음에 촉촉한 습기가 배어들고 따스한 온기가 되살아나기를 바란다, 하여 다시는 내가 인적 없는 밤거리를 헤매는 일이 없기를 바란다.

2019년 초겨울 윤석진

차례

2

3

4

5

1

동행

저기, 저 비행하는 새들을 보아라
저들이 대열을 이루는 것은
외로워서가 아니다
길을 몰라서도 아니다
함께 했던 고단한 수만 리의 시간들
저들은 몸으로 기억한다
기나긴 여로, 같은 운명을
선두를 다투지 않는
누가 낙오하는 것도 원치 않는
저 새들, 날아가다 지치면
맨 뒤로 자리 바꿔 동료들이 만든
상승기류에 날개를 얹는다
천적이 나타나면 제 살길 찾아
도망치지 않고, 오히려
더 견고하게 대열을 짓는
천년만년 한가지로 변함이 없는
더 빨리, 더 오래, 더 멀리
날아갈 수 있는 저들의 비행
보아라, 내 사랑이여

쪽동백꽃

내 앞을 가로막고 있는
저 둔각의 절벽을
이제 오를 수 있기를 바란다
하여, 저 너머 어딘가
꽃피우고 있을 너를
꼭 만날 수 있기를 바란다
내 필생 동안 원했던
늘 너는 제자리에 있었을 것이나
사는 일이 서툴러 나는
네 시간 밖을 서성거렸구나
참 많은 시간, 그렇게
속절없이 흘러가고
기진맥진한 내 앞에
환하게 쪽동백꽃이 피어 있다
오래된 슬픔의 뼈처럼
아무 것도 끝나지 않았다
아직 시간이 남았다
그는 한껏 나를 충동질한다

땅끝

끝났다고 생각하지 말게
감당할 수 없는 절망뿐이라고
말하지 말게, 벗이여
그대 앞을 보게
길이 있지, 한 번도
가보지 않은 길
암초와 파도가 널려 있지만
가지 못할 길은 아니야
언제 우리에게 탄탄대로가
펼쳐진 적 있던가
눈 돌려 평생 변함없는
새벽 어스름 헤치며 출항하는
씩씩한 삶들을 보게
땅이 끝나면 바다가 나오고
산 너머엔 벌판이 있고
세상에 끝은 없다네
펄떡펄떡 우리가 살아 있다면
희망을 버리지 않는다면

찬란한 시간

三政아파트 앞 삼거리
트럭 적재함에 채소전을 벌인
初老의 사내 하나
시금치를 다듬고 있다
잠시도 쉬지 않는 저 손을
거쳐 간 시간들은
싱싱한 시금치 같았으리라
고단한 식구들 위해
길 건너 마트가 북적거리는 시간
기웃거리는 얼굴 하나 없는
트럭 적재함의 채소전
陰畫 같은 얼굴로
시금치를 다듬고 있는 사내는
무엇을 잘못했을까, 아니
아니 잘못한 것 없다
누군가의 남편이고 아버지일 처지
식구의 밥을 버는 것은
세상에서 가장 숭고한 일
싸락눈 흩날리는 저녁 어스름
홀린 듯 나는 본다
사내의 손끝에서 흘러가는
찬란한 시간을

頭牛里에서

만발한 소금꽃이 고마운
산골내기 새색시
날마다 새벽하늘을 살폈다
쨍쨍한 날빛을 빌며

제비꽃 새색시를 얻은
의뭉한 새서방은
아예 장마가 들기를 빌었다
몰래 속, 속으로만

곡절만장 한 세월은
소금밭 바닷물처럼 증발하고
늙은 연리지 한 그루
오늘도 대파질하고 있다

펄펄 끓는 땡볕을
메마른 하늬바람을 거역하는
저 사랑, 그래서
소금은 썩지 않는구나

염산

칠산 바다를 낚아 올려
월평 선창에서 매운탕을 끓였네
모경원 형과 강구현 형은
콩 타작하는 촌로들 부르고
소주 막걸리 맥주 새참들 모여
모여 술판이 벌어졌네
이수행의 사철가
촌로의 쑥대머리 한 대목
빨강 하양 분홍 코스모스 꽃잎으로
천지 사방에 흩날리고
소슬바람 같은 생의 한때
갈대 꽃차례에 앉은 햇살처럼
영롱하게 빛났네
한없이 무거운, 뒤집으면
너무나도 가벼운 생
깨달음은 불쑥 오지, 한순간
눈 쓰린 스모그 속에서
아귀처럼 다투는 것이 하찮아지고
썩어가는 영혼을 발견하고
하여 방부제가 필요하면, 친구여
훌훌 털고 떠나시게
늘 그곳에, 염산은 있다네

복사꽃

복사꽃이 피었다네
한 시절을 부대꼈던 그곳
여전히 복사꽃은 아름답다네
벗이여, 우리에게
낯선 정류소였던 그곳
잠시 세상을 잊은
꽃그늘의 소주 한잔
그 초라한 기쁨마저 눈 흘기던
면도칼 세상, 우리는
다시 먼지 속으로 흩어졌지
또 다른 낯선 정류소
한 해 두 해 십 년……
속도 무제한 도로를 질주하는
자동차처럼 살았던 시간들
가끔 그때를 생각했지
낡은 책갈피에 끼워져 있는
색 바랜 꽃잎을 꺼내보듯
복사꽃이 피었다네
늙지 않는 그리움으로
켜켜로 쌓인 먼지를 털어내고
바람 맑은 날, 벗이여

다시 한잔하고 싶지 않은가
복사꽃 지기 전에

고사목

山頂에 고사목들 서 있다
잘 벼린 창날처럼

하늘을 찌를 듯한 기세
아직도 여전하구나

바람 불면 더 당당해진다
우우우 맞고함 지르며

슬쩍 세월도 비껴가는
저, 눈부신 의지

간혹, 떠오르는 광경

어느 해 세밑, 서해 바닷가 소읍, 조촐한 송년회에서 白壽를 바라보는 철학자와 喜壽의 소설가가 만났다. 자리가 파할 무렵, 거의 시력을 잃어 활자를 볼 수 없다는, 그래도 공부는 그만둘 수가 없어 매일 열 시간 넘게 耳讀을 한다는 철학자는 소설가를 옆자리로 불러 남몰래 두툼한 봉투를 건넸다. 많이 주지 못해 미안하다.

먹물처럼 적막한 바닷가 찻집, 흐릿한 불빛 속에서 봉투를 꺼내놓으며 소설가는 음울한 얼굴을 지었다. 용돈을 드려도 모자란데 되레 용돈을 받았다. 봉투 안에서 나온 것은 낡은 지폐, 다림질하여 반듯하게 편 천 원짜리 백 장이었다. 기어코 소설가는 새파란 후배들의 찻값을 냈다. 귀한 돈을 나 혼자 쓸 수는 없다.

후회

치사한 사랑 때문에
줄리엣 아닌 줄리엣이 되어
괴로워하는 한 여자에게
한 삼십 년 참고 살면 될 거라고
나는 말했다, 진담처럼
말이 씨가 된다고
그 여자 삼십 년 가까이
참고, 참고 살아왔다
바보 바보처럼
그 미련한 시간들을 보며
가슴이 아린다 나는
미안하다 말할 수도 없고
그때 삼십 년이 아니라 한 삼 년만
참으라고 할 걸, 아니
차라리 끝내자고 말할 걸

노화도

— 최철남에게

이화월백령을 넘는다
희미하게 웃는 볼우물 천진한
산적 같은 사내 하나
만나러 간다
아슴푸레한 총각 시절
두견이 노래를 호위 삼아
배꽃 흐드러진 달밤
동네 처녀들의 배를 훔쳤다는
옛 고개를 넘는다
간간이 흰머리 돋아난
빈손의 세월이여,
훔칠 무엇이 아직 남았는가
눈부신 갈꽃 속에
꼭꼭 숨은 사내 만나러
무성한 배나무 밭도
밀회하는 총각 처녀도 없는
이화월백령을 넘는다

老巨樹

지금 내가 가는 길 어딘가
노거수 한 그루 서 있기를 바란다
풍설에 가지들 부러져도
온갖 해충 들끓어도
늘 한결같은 모습으로 서 있는
사철 푸른 노거수 한 그루
그 밑에 앉아 다리를 주무르고
한여름 땡볕도 물리치고
달게 낮잠도 한숨 자고
새로운 힘을 내서 내가 가는 길을
끝까지 갈 수 있기를 바란다
지금껏 내가 지나온 길은
산들바람에도 중동이 부러지는
며칠 가뭄도 견디지 못하는
여름 다 되어야 겨우 잎을 피우는
허접한 낙엽수들만 있었다
수많은 사람들이 먼저 갔고
그보다 많은 사람들이 가고 있는
고단한 이 길 어딘가
나침반처럼 노거수 한 그루
서 있기를 나는 바란다

귀거래 식당

불쑥 동백꽃이 생각나서
선운사 뒷산엘 갔더니
동백꽃은 한발 앞서 다녀갔고
산그늘 속 한 세상
저만 홀로 깊어갑디다

때늦은 시장기를
허겁지겁 지운 귀거래 식당
초겨울 단풍처럼 웃는
삐비꽃 같은 여주인이 내놓은
눈물茶,*

한 이십여 년 되었을까
아직 情이 배고프던 홀어미 시절
한줄금 쏘내기 같았던
자식뻘 풋사내의 그림자가
보일락 말락 합디다

*눈물茶 — 여주인은, 녹차를 덕을 때 바스러진 찻잎 끝부분만 모은 것으로 끓인 차이며, 이름은 직접 지었다고 말했다.

시월의 은행나무

시월의 거리를 걷는다. 황금빛 옷으로 갈아입는 은행나무들이 내 안에 추억의 등불을 밝힌다. 불쑥 까르르 웃는 네 웃음소리 들리고 나는 주위를 두리번거린다. 늘 나는 어설펐지만 항상 너는 즐겁게 팔짱을 끼었지, 하여 나는 잊어버렸지, 보이지 않아도 사랑은 무시로 변하는 카멜레온 같다는 것을, 험한 상처에도 감쪽같이 새살 채우는 시간의 마력도 기억은 지울 수 없는가. 이제 은행나무들만 남은 옛 거리. 통증이 사라진 풍화된 상처가 나를 더 슬프게 한다.

인연

바다를 헤매다 지친
雪白의 물새 한 마리 날아오고
그 순간,
시퍼런 정적의 갈대들
모두 설렙니다

우리 사는 일이라는 것도
저들과 다르지 않고
한껏 색 바랜 내 적요 속으로
홀연 그대 들어서고
내 全 生이 흔들립니다

너에게

내 마음에서 지우겠다
내 생 한쪽이 무너지는 것
기꺼이 감당하겠다
가벼운 애증 버리고
사소한 궁금증 버리고
함께 했던 기억 버리겠다
어디선가 새가 울고
꽃이 지고 피고
그렇게 세월은 흐르고
잊은 줄도 모르게 잊겠지
서로의 시간 밖에서
그렇게 살아가다, 혹여
먼 뒷날 遭遇하면
오래된 관습을 전하겠다
언제 밥 한번 먹자

김씨

물먹은 솜뭉치 몸 끌고
터덜터덜 돌아오는 그대여
오늘도 무사했구나
참 다행이다
식구의 따뜻한 밥을 위해
오늘도 잘 참았구나
天平秤에 올리면
세상의 어떤 추를 얹더라도
균형을 이룰 그대의 노동
누구에게도 말 못할
무시로 습격해오는 모멸을 견뎠던
순간도 방심 못했던
오늘도 식구의 목숨을 위해
그대는 목숨을 팔았구나
터덜터덜 집을 향하는
지친 그대의 뒷등이, 한없이
한없이 넓어 보인다

2

어느 사월에 부쳐

그 해 사월 어느 날
누군가의 죄업은
형형색색의 꽃망울을 꺾었다
늪 같은 절망과 두려움,
아비규환의 들리지 않는 비명을
생중계로 들었다
따뜻한 커피를 마시며
먼 나라 이야기처럼

나는 보았다,
상처에 왕소금을 뿌리는
말[言]의 사기꾼들
일 년 열두 달 시들지 않는
벌레 먹은 무궁화들
누군가의 목숨을 비웃는
피자와 족발을 꾸역꾸역 처먹는
아귀들, 물정도 모르고
박수치는 愚衆들
아무 것도 끝내지 못하는
속절없는 시간들을

수많은 사월이 지나
흐드러진 수백 수천 種의 꽃들
이 땅을 뒤덮는 날이 와도
나는 용납하지 않겠다
그 천박한 시간들을
인면수심의 미친 짐승들을
아마 평생 그러하리라

記者

날마다 쓴다, 나는
기기괴괴한 상상력 발휘하여
그럴듯한 소설을 쓴다
내 作亂에 놀아나는
無腦衆을 보는 건 짜릿하다
사실은 감춰라
진실은 애초에 없다
무시로 하달된 명령을 받는다
오랜 시간 숙련된 솜씨
한 치 오차도 없는
권력의 똥구멍 핥아대는
충직한 똥개, 나는
오늘도 소설 한 편을 탈고했다
혀 짧은 어학 실력으로
꼴리는 대로 해석하고,
사실과 주장을 구별하지 않고
몸통은 통째로 버리고
맥락과 의미를 무시하고

철밥통

김 교수가 정년을 했다
제자들의 기념논문집을 헌정 받는
그의 은발은 너무 멋있었다
至難하고 외로운 길
이제 내려놓고 쉬고 싶다
식장에 모여든 하객들은
하릴없이 가슴이 뭉클해지고 말았다
김 교수의 아쉬운 웃음을 끝으로
식당으로 몰려가며, 제자들은
주 이틀 아홉 시간
억대가 넘는 연봉을 받는
연구실보다 골프장을 즐겨 찾는
제자보다 감성돔을 사랑하는
정년을 보장받은 뒤
소논문 한 편 제대로 쓰지 않는
훗날의 자신을 그려 보았다
지난 삼십 년 동안 자신을 복제하던
오늘 김 교수가 퇴직했다
세상은 그를 師表로 공인했다

교훈

한 오십여 년 전쯤,
내 고향 할아버지들과 할머니들은
악독한 사람을 보면
이구동성으로 말했습니다
도척[盜跖]이 같은 놈

그 말뜻을 눈치로 때려잡은
철부지 우리들은
누가 나쁜 짓을 하면
하늘처럼 믿는 그분들 말씀을 좇아
도척이 같은 놈이라 부르며
스스로를 경계했습니다

앞으로 우리 자손들은
권력 앞에선 고양이 앞의 쥐지만
약자를 맘껏 괴롭히는
法 가지고 장난치는 놈을 보면
멀쩡한 이름을 놔두고
이렇게 부를 것이 뻔합니다
瘍蠅鮐 같은 놈

도둑의 얼굴

구름 한 점 없는 대낮
소문만 무성하다가 마침내 잡힌
도둑의 얼굴을 보았다
햇살을 가리며 얼굴 찡그리고
가끔 마른기침을 토하고
말이 좀 어눌할 뿐
이웃집 노인 같기도 했고
단골 슈퍼 주인 같기도 했고
말끔한 옷차림을 보면
오히려 점잖은 노신사 같기도 했다
요모조모 뜯어봐도
도무지 도둑놈 같지 않았다
開天 이래 가장 큰 도둑이라더니
뭔가 다르기는 다르구나
이래서 사람들이 속았구나,
속을 수밖에 없었구나
수많은 카메라가 몰려들었다
많은 귀가 그의 말을 듣고 싶었지만
잔뜩 짜증난 그의 얼굴
눈코는 있는데 입이 없었다

도둑고양이

간간이 잠결에 들려오는
부스럭거리는 소리
도둑인가 잔뜩 긴장하며
살그머니 일어나 방구석의 목검 들고
잽싸게 외등을 켠다

쓰레기 봉지 찢고 있는
이골 난 도둑질로
잔뜩 살 오른 개만한 고양이
순간, 맥이 탁 풀리는데
도망은커녕 시퍼런 안광을 내쏘며
나를 노려본다

불쑥 떠오른다,
닥치는 대로 배터지게 훔쳐 먹고
개기름 낀 미소를 흘리는
늘 우리 곁에 있는, 법 위에
똬리 튼 도둑놈들

왜 도둑질로 살찐 놈들은
뻔뻔하고 당당한가

나는 목검을 휘두른다, 그놈은
느긋하게 도망친다
힐끔힐끔 내 눈치를 살피며

사문

불혹을 한참 지나고도
허욕이 남아 다니는 대학원
교수들도 학생들도
아주 자연스럽게 쓰는
낯선 말,
사문? 사문?
사문은 師門이란다
계승할 학문적 업적이 없는
존경할 인격도 없는
천박한 철밥통 하나를 둘러싸고
같잖은 것들, 끼리끼리
네 편 내 편을 가른단다
모임도 공부도 세상도
뒤늦게 진리를 하나 깨우쳤다
사문은 邪們이다
사문은 死刎이다

愚衆

실성한 정치꾼 몇 놈
그럴싸한 가짜뉴스를 유포했다
혓바닥 근질근질하던
전문가를 자처하는 사기꾼들
전국의 온갖 기레기들
바퀴벌레 같은 토착 왜구들
이구동성 나발을 불었다
빨갱이들이 날뛴다
나라가 몹시 위험하다
스스로 애국자로 착각한 꼴통들
성조기 일장기 태극기 들고
각목 야구방망이 쇠파이프
손에 잡히는 대로 들고
눈을 까뒤집고 거리를 활보한다
평온하게 돌아가는 나라
빨갱이를 찾지 못하고
애꿎은 허공에 주먹질하다가
슬그머니 흩어졌다
항상 그렇듯 말이 없었다
짙푸른 하늘은

거지

지금 우리는 거지다
직업을 가진 죄로 거지가 되고
배운 죄로 거지가 되고
집을 산 죄로 거지가 되고
아이 낳은 죄로 거지가 되고
늙은 죄로 거지가 되고
막 첫울음을 우는 아기도
태어난 죄로 이미 빚진 거지다
집 학교 거리 광장……
온갖 거지들이 우글거린다
학교와 학원밖에 모르는
공부 기계가 된 아이 거지
직업도 결혼도, 아니
모든 것 다 포기한 젊은 거지
온몸에 종합병원을 차린
미래 없는 늙은 거지
참 좋은 세상을 만났구나
잘 훈련된 개들 풀어놓은 牧夫는
멀찍이 뒷짐 지고 서서
비릿한 웃음을 짓고
개에게 몰려 우왕좌왕하는

양떼 같은 우리는 우긴다
난 거지가 아니다

발포에서

저 바다는 몸 전체가 길인데
네가 갈 길은 전혀 없구나
용골을 바다로 향한 채
따가운 햇살에 시나브로 바스러지는
강제 퇴역당한 폐선이여
너의 이루어질 수 없는 꿈이여,
내 눈시울 가득 차오르는
아무것도 등에 태우지 못한
심하게 흔들리는 저 바다의 눈빛
무엇을 물을 수 있을까
무슨 대답을 할 수 있을까
만선의 깃발 휘날리는 너를 따라
유유히 활공하던 갈매기들
철갑을 종이처럼 찢는 파도도
우습게 여기던 사내들
어디에서 옛 시간을 추억할까
폐그물 비닐봉지 소주병 온갖 페트병……
理性의 저주받은 자식들
자랑스럽게 웃고 있는 이곳에서
온통 아스콘으로 도배한
내가 사는 도시 곳곳에 널려 있는

출항 한 번 하지 못하고
낡아가는 수많은 배를 본다

입

위에도 아래에도 있고
숙명적으로 먹는다
다문 입은 언제나 벌릴 수 있는
준비가 끝나 있고
벌린 입은 어디서나 먹고
먹고 또 먹고 있다
아예 만족이 없는 식탐
대장균처럼 나날이 증식하고
무엇이든 먹어치운다
우리는 언제 먹힐지 모른다
그 순간 불행은 시작된다
지뢰처럼 숨어 있는 수많은 입
늘 우리 곁에 있다
권력 자본 섹스는 하나다
잊지 마라 잊지 마라

유령

출석부에 올라 있는
한 학기 동안 그를 불렀지만
끝내 대답이 없었다
대답은 그의 자유였지만 나도
참견할 권리가 조금 있었다
간혹 그런 학생이 있어요
한 아이가 심드렁하게 대답했다
우리 과 학생 맞아요?
다른 아이는 장난처럼 되물었다
학교 터가 공동묘지였다는데
혹시 유령 아닐까요?
뭔가 수상한 냄새를 잔뜩 풍기는
농담 같은 응수도 받았다
기말시험이 끝난 뒤
낯선 전화 한 통을 받았다
씁쓸한 웃음 하나가 떠올랐다
졸업장은 찾아가겠죠
근사한 졸업사진도 찍고요

사기꾼

그者는 국립 대학교 교수였다
미국에서 理學博士를 받고
모교에 돌아와 삼십여 년을 재직했다
정년을 보장받은 뒤 십 년 동안
소논문 한 편 쓰지 않고
깨지지 않는 밥그릇을 꽉 보듬고
제자들에게 甲질을 일삼더니
뭔가에 홀려, 어느 날
불쑥 여의도로 가겠다고 선언했다
언제 어디서나 그者의 말은
교수, 전문가, 과학자가 전부였다
술수로 엉터리 상도 받고
사이비 기자들 구워삶아 갖가지
가짜뉴스도 유포하고
생이 주제에 大蝦 행세를 했지만
비록 模造일망정 무궁화는
그者의 손 밖에 있었다
그래도 아주 멍청이는 아니었던지
새벽부터 자정이 넘도록
선거운동하며 교수 월급 받고
개강한 지 한 달이 더 지났는데도

현직 대학교수로 복귀했다
늘 그렇듯 세상은 잘 돌아갔다

한국의 겨울

지금 한국에 폭설 내리고
온몸에 피멍 든 강산 파묻히네
고개 숙인 잿빛 하늘
무덤 같은 지붕에 입 맞추고
맥없이 주저앉은 굶주린 소들 곁으로
다정하게 어둠이 다가서네

국민을 나라를 미래를, 아무도
걱정하지 않는 늦은 밤
인적 끊긴 白夜의 거리를 바라보는
빙그레 웃는 저 자는
누구의 망령을 빙의했는가

낡은 외투 깃을 세우고
버스 기다리는 墨畫 같은 사내여,
전대미문 협잡꾼을 믿었으니
할 말이 있을 리 없겠지
그대의 이번 후회는 얼마나 갈까

해방 후, 수십 수백 번을
양치기 소년들에게 속고도 또 속는

뒤늦게 하는 후회마저
재빨리 잊는 미덕을 자랑하는
愚衆의 나라

지금 한국에 폭설 내리고
북서풍은 날카로운 칼날을 휘두르네
목숨 붙은 것들 전전긍긍하는데
나와 아무 상관이 없다
만사태평한 愚衆의 맑은 정신은
언제쯤 되돌아올까

복날

복날이면 그가 생각난다
초복이 중복이 말복이
해마다 개 세 마리를 키우던
이름보다 별명이 유명한
그 사람, 삼복이
三伏을 三福이라 우기며
때려잡고 싶은 놈들
따로 있다고 목청 높였지
저승에선 제 뜻대로 하고 살까
천지 사방을 태우는
복날보다 더 열 받게 하는
개만도 못한 놈들
너무 많아 개판인 세상
해마다 복날이 오면 생각난다
삼복이 그 사람

바둑

망할 놈의 비가 오고
철근을 세울 수 없는 친구와
바둑을 두는 날은
까닭 없이 노여워진다
법대 나와 철근공이 되고
박사를 받아도 백수건달이 되고
知命을 훌쩍 넘긴 우리
초라한 인생이기는 마찬가지
넓은 판의 많은 길들
하나 둘 사라지고
생사가 오락가락하는 大馬
묘수는 보이지 않는다
불쑥 심사가 뒤틀어지고
누가 먼저랄 것 없이 돌을 거둔다
세상은 아무런 죄도 없다
돈이 전부인 세상을
너와 내가 잘못 살았을 뿐
다시는 바둑을 두지 말자
속다짐하지만, 우리는
또 바둑판 앞에 앉을 것이다
비가 오는 어느 날

3

猢猻猕猿

능력 양심 정의가 없는
입만 살아 있는 정치 모리배들
저보다 누군가를
애걸복걸 愚衆에게 팔고
섬 아닌 섬으로 갔다
회의할 땐 온갖 딴전 피우고
거수기 노릇이나 하고
갖은 핑계 빈둥빈둥 놀고
무노동 무임금을 비웃는
억대 연봉을 먹는 세금충이 되었다
그들의 무궁화는 모조품
그들의 정치는 짬짜미
수틀리면 시도 때도 없이
고함 욕설 삿대질 멱살잡이한다
언제나 가재는 게 편
밤에 만나 폭탄주를 돌린다
어이, 나한테 너무 했어
오해 마 어쩔 수 없어 쇼한 거야
오늘 필름 한번 끊어보자고
그래 한 번 죽어보자
날이 바뀌지 않는 룸살롱에서
거나한 술판을 벌인다

파블로프의 개

개가 주인을 물었다
재롱 떨고 아양 부리도록 태어난
주인에게 절대 복종하도록
강아지 때부터 길들여진 개가
주인을 물었다
무시로 반려자를 외치더니
쓸모가 없다 유기하고
지가 저지른 죄를 뒤집어씌우고
사냥 뒤에 가마솥으로 보내고
아예 犬權을 무시하는
개를 사람보다 낮게 치는 것은
참을 수 없다, 당신은
더 이상 내 주인이 아니다
배신은 내가 당했다
개가 물어뜯었다, 목숨 걸고
평생 지켜온 주인을

말장난

어느 당 선거후보자 모집을 보니
만 45세까지 青年이란다
처음 피선거권을 행사하려는 자는
知命 넘겨도 耳順 넘겨도
新人이란다, 신인이라 가산점도 준단다
시간의 형질은 태초부터
지금까지 변한 적이 없는데
미라 같은 몸뚱이
비아그라 먹고 보톡스 주입하고
신인류가 활개 치는 백세시대
치매에 걸려도 식물인간이 되어도
왕회장 노릇은 문제없단다
말놀음에 중독되어 있는 세상
늙은 정치와 늙은 경제
초고속 시대의 정체와 후진
흐르지 않는 물은 자정 능력이 없고
지지 않는 꽃은 씨앗이 없다
통째로 늙었구나,
진짜 청년도 신인도 없는
희망 없는 우리 세상

주어가 없다

판사 출신 국회의원인 그는
초등학생도 이해할
모국어 짧은 문장을, 주어가 없다
의미가 분명하지 않다
문맥을 고려할 줄 모르는
지진아 수준의 文解力을
언죽번죽 세상 떠들썩하게 떠벌리며
희대의 큰 도둑놈을 변호했다
누구 말대로 토착 왜구라서
流言처럼 친일파 후손이라서
그래 그럴지도 몰라
일본 자위대 창설 기념식은 참석해도
국군의 날 기념식은 외면하는
한복에 게다 신은 그는
그래서일까, 쉬운 모국어를
해독 불능으로 만드는 재주가 있다
오늘 그의 기자회견을 보며
문득 이런 생각을 한다
어떻게 어려운 法文들을 이해했을까
판결문은 제대로 썼을까
누가 무궁화를 달아주었을까
대한민국은 좋은 나라구나

李朴식당

화장실 변기에 앉아 있으니
언젠가 들은 적 있는
일제 때 공중화장실을 이박식당이라고
불렀다는 것이 생각난다, 이박은
구한말 나라를 팔아먹은
이완용과 박제순이라지
제 화장실을 갖지 못했던 시절
공중화장실에 들린 張三李四
남녀노소 누구랄 것 없이
똥통 안에 입 벌린 그들이 있다고 생각하며
밥 대신 똥을 먹이는 기분으로
시원하게 똥을 쌌다는 것이다
이제 역사 속에나 남아 있는 이야기
왜 불쑥 생각났을까
이박이라 이박, 그래그래
대명천지에 나라를 말아먹은
그들도 李와 朴이구나
궁둥이 밑에 입 벌린 그들이 있다고
상상하며 시원하게 똥을 싼다
백여 년 전 그들처럼

뱀의 발 - 변비에 시달리는 분들은 李와 朴에게 똥을 먹인다고 생각하며 힘을 쓰면 변비가 시원하게 뚫릴지도 모른다. 꼭 한번 해보시기를…….

販黔詐

정의 진실 그 따위 것
모른다, 아는 것은
세상살이는 거래라는 것
꼴리는 대로 해석하는 달달 외운
알량한 법조문 몇 구절과
時勢를 따르는 것
법은 이익이 가장 많이 남는
밀거래 상품이라는 진리
우리 밀거래를 모르는
순진한 자들은 억울해 하지만
오랜 세월 우리와 거래한
고객들은 대만족한다
그들은 맘대로 세상을 휘젓고
우린 뒷배를 얻는다, 때로
덤으로 노후를 보장 받는다
잘못될 수도 있다고
우린 굳게 어깨동무하고 있는데
왜 그런 헛걱정을 해
양심에 찔리지 않느냐고
그런 아무 짝에 쓸모없는 것
배고픈 똥개나 줘버려

늑대

울타리 안에도 밖에도
양들이 있다, 늑대는
그들 마음이 만든 현실의 적
안의 양들이 생각한다
밖의 양들은 모두 늑대다
밖의 양들이 생각한다
안의 양들은 모두 늑대다
허나 내가 보는 그들은
양도 늑대도 아니다
그냥 울타리를 둘러치고
스스로 갇힌 어리석은 짐승이다
서로를 가두고 있는
투명 유리 같은 울타리
그래서일까, 그들은
갇혀 있다는 것을 否認한다
새벽닭이 운 뒤에도
늑대는 어디에도 없다

부끄러움

거짓 언어들만 골라 쓰며
남몰래 음흉한 웃음을 짓고 있는
누군가의 하수인 그대에게
부끄러움을 주겠다

면죄부를 쥐고 지레짐작으로
남의 생살을 찢어발기는
의기양양한 철면피 그대에게
부끄러움을 주겠다

검은 선글라스를 끼고
피자와 통닭을 꾸역꾸역 처먹던
사람 탈을 쓴 악귀 그대에게
부끄러움을 주겠다

표현의 자유 뒤에 숨어
마구잡이로 이유 없는 증오를 내뱉는
얼굴 없는 쓰레기 그대에게
부끄러움을 주겠다

대명천지 맑은 하늘 아래
환시와 환청에 홀려
부끄러움을 잃어버린 그대에게
이제 부끄러움을 주겠다

韓國現代政治史

갈 길 바쁜 나그네는
강가를 헤매다 나룻배를 보았다
강을 건널 욕심 앞서고
이것저것 따져보지 않았다
낡은 나룻배를 타고
어찌어찌 강을 건너 지평선 너머
산을 향해 걷기 시작했다
고마운 나룻배를 등에 업고
배는 강가에 두고 가라
먼 길을 갈 때는 짐을 줄여야 한다
어떤 사람이 충고했다
그는 콧방귀도 뀌지 않았다
불볕더위, 가시덤불, 각다귀 떼
무엇보다 나룻배 무게를
견디지 못한 그는
몇 걸음 가지 못하고 쓰러졌다
그의 여행은 끝났다

사월

어쩌다 올 뻔 했던 혁명을
다시 꿈꾸게 하는 달
어느 날 출근길
젊은 택시운전사가 말했다
내 능력으로 벌어먹는데
어떤 놈이 되든 관심 없어요 저는
그럼요, 당연하지요
즉각 맞장구쳤다, 그리고
정치꾼, 사기꾼, 종교 판매업자를
한 두름으로 엮었다
실없는 우문우답 주고받는데
잘 달리던 택시가 멈췄다
택시의 욕망을 무기력하게 만드는
저 붉은 신호등은 옳은가
무심코 눈길 던진 거리
수배자처럼 담벼락에 붙은
한 번도 국민을 위한 적이 없는
뻔뻔한 얼굴들
비웃고 있었다, 우리를

所懷

I

참 기쁘다,
멀고도 먼 길, 오랜 시간
수많은 악전고투 끝
무도한 난신적자들에게 강탈당했던
그리운 옛집을 되찾았으니
훼손당한 존엄과 명예,
잘못된 역사도 바로 세웠으니
죽어도 여한이 없다

金 尙膳,
옛날 생각이 간절하네요
그래서 하는 말인데
저기 저 선친 같은 金松 아래
술상 좀 봐주세요
시바스리갈 한 병
육포 한 접시면 돼요
아, 雜人이 침범하지 않도록
엄금하세요

II

정말 억울하고 억울하다
피 토하며 통곡하고 싶을 만큼
옛 侍婢 하나 수발 들러
드나든 것이 죄라니
내시들이 저지른 사소한 잘못이 죄라니
재벌들 푼돈을 삥 뜯은
세 살짜리도 아는 관행이 죄라니
아이들 몇 명 죽어갈 때
주사 몇 방 맞은 것도 죄라니
막말로 내가 죽였나?
참 어처구니없다
어떻게 되찾은 내 집인데
종놈들 배신에 다시 쫓겨나다니
억장이 무너진다
그나마 위안은 몇몇 忠僕들
여전히 나를 잊지 않고
착한 백성들이 伸冤 운동하는 것
그러나 사방은 천 길 절벽
四時가 다 한겨울
남은 것은 恨뿐이구나

사람의 시간

—조선대학교 장미원에서

올해도 장미꽃이 피었다
수만 송이의 장미꽃
제 이름의 빛깔과 향기를 발산하고
그 사이사이 새로 짝지어 선
앳된 얼굴들,
해맑은 싱그러운 웃음소리
세상을 밝히고 있다

누가 곁에 서든지 장미꽃은
피고 또 지고, 시간은
내 의지 밖에서 흐르지만 나는
똑똑히 기억하고 있다
창궐한 해충이 갉아 먹은
안타까운 꽃봉오리들 지켜보던
그 처참한 시간을

오월은 매년 다시 오지만
아직 오지 않고 있는
기억 안 해도 좋을 사람의 시간
하루바삐 피길 바란다
저 흐드러진 장미꽃들처럼

TV를 보며

우연히 본 TV 화면
뚱뚱한 남녀 몇 식탁에 둘러앉아
식탐을 자랑하며
호들갑 찬사를 쏟아내며
게걸들린 듯 처먹고
뜬금없이 양돈장이 떠오른다
양껏 먹는 힘 센 놈
찌꺼기만 먹는 힘 약한 놈
적나라한 서열 폭력을 보여주는
소나 양보다 빨리 살찌는
온몸이 식탐 덩어리
소나 양보다 빨리
사람의 식탁으로 가는
축산업자들이 가장 선호한다는
살찐 돼지들이 떠오른다
잔뜩 늘어놓은 음식을
정신없이 입에 쑤셔 넣는 저들
주인은 흐뭇하게 바라본다
출하 앞둔 양돈업자처럼

금붕어

아주 태평하게
금붕어들 수족관을 돌아다닌다
유리벽에 주둥이 부딪치면
의심도 없이 돌아서고
가짜 물풀 속에 숨은 플라스틱 대롱
뿜어내는 산소를 마신다
눈알 툭 튀어나온 놈
울긋불긋 몸치장 요란한 놈
중심 잃은 배불뚝이 놈
의문도 갈등도 반성도
이미 오래 전에 거세한 저놈들
천국으로 믿고 있겠지
주인이 때 맞춰 먹이 주는
천적도 없는 수족관을
먹이 물고 도망치던 배불뚝이 놈
유리벽에 부딪치자
전혀 망설임 없이 돌아선다
아주 자연스럽게

改名

쥐를 고양이라 부르면
쥐는 고양이가 될까

궁지에 몰리면 이름을
무시로 바꾸는 자들

최첨단 의술로 재개발해도
유전자는 안 바뀌는데

속이는 우린 죄 없어
속는 놈이 병신이지

금남로에서

알고 있다, 나는
민주 자유 평등 이런 낱말들
우리 곁에 없다는 것을
허나 나도 애써 그것을 否認한다
늘 진실은 고통스럽다
환상과 착각의 거짓 신화는
언제나 달콤하다

민주화가 되든 말든
통일이 되든지 말든지 나는
잘 먹고 잘 살 수 있다
이 거짓 신화가 확대 재생산하는
강철 같은 그 믿음은
세 번이나 로마 병정을 속인
베드로의 否認보다 강하다

넝쿨장미가 불타오르던 날
국군이 쏘아댄 M16 탄환 두 발
꽃처럼 빛나던 스무 살
내 친구의 옆구리를 할퀴었다
생의 指針이 부러진 그는

먼 훗날 술의 힘을 빌려 울먹였다
무시로 악몽을 꾼다

人寰의 금남로를 걸으며
내가 두려워하는 것은
해방 후 칠십여 년,
事大에 집착하는 자들이 아니라
쿠데타의 망령과 이방인들이 아니라
거짓의 마법에 홀린
변하지 않는 愚衆들이다

4

하사리에서

누가 가져다 놓았는지 의자 하나 바다를 향해 놓여 있다. 나는 의자에 앉아 다리를 쉬며 담배를 피워 문다. 잠시 물옷을 벗은 바다, 무수한 게들이 또 하루를 연명하느라고 분주하다. 멀리 엷은 해무에 휩싸인 섬들과 정박한 배들을 배경으로 어부들이 뻘배를 타고 다니며 짱뚱이를 낚는다. 풍경을 이루는 것과 바라보는 것은 분명 다르므로, 지금 내 시선을 붙들고 있는 저 아름답고 평화로운 풍경에도 삶의 고단함이 숨어 있으리라. 그래도 저들은 저 풍경 속에서 자신을 지우지 않을 것이다. 혹여 저들이 沒頭를 깨고 뭍에 눈길을 준다면 나는 어떤 풍경일까. 주어진 시간에 나의 빛깔을 繡놓으며 감당하는 내 고단함도 헤아려 줄까. 어부들이 돌아가고 바다가 다시 물옷을 입은 뒤에도 나는 그대로 의자에 앉아 있다. 다시는 내 눈길이 풍경 하나로 조우했던 저들의 삶에 닿을 수 없을지라도, 나는 하루빨리 저들이 필생을 걸고 갈망하는 풍경을 이루기 바란다.

발자국

숫눈길에 찍힌
발자국 한 쌍을 본다

길고 긴, 선명한,
蛇行의 흔적,

넌 똑바로 걸어갔다
최단거리 길을

내 죄는, 가끔
돌아보지 않은 것

은퇴

최근 들어 그는
자주 은퇴라는 말을 듣는다
갑년도 아직 먼데
처음엔 대수롭지 않게 생각했지만
자꾸 그 말을 듣다보니
귀에 거슬린다

사는 일에 파묻혀
몇 년째 잊고 살았던 서울 친구
뜻밖에 전화를 해왔다
이놈저놈 눈치 보기 싫어
좀 일찍 그만두고
계룡산 근처에 자리 잡았네

잠들지 못한 늦은 밤,
늘 최선을 다했다 믿었던 것은
부질없는 자기만족
아무것도 없는 빈손을 보며
그는 한숨을 쉰다
제대로 시작도 못했는데, 벌써
은퇴할 때가 되었구나

그가 말했다

나는 꿈이 없다
나는 열정이 없다
나는 그냥 살고 있다

삭정이처럼 웃으며
한 모금 담배연기를, 그는
허공에 날렸다
나는 마음이 아렸다

오래 전부터
희망이 없어도 흘러갔다
내 시간의 풍경은
가끔 나는 호탕하게 웃었다
가급적 자연스럽게

涵虛亭

수백 년 잠들지 못한
저 빛바랜 현판,
형형한 눈빛을 보면 알 수 있다
활화산 같은 속셈
어떻게 감춰야 하는지를

지금 내 눈길 붙드는,
봄바람에 하늘거리는 유채꽃은
나에게 유채꽃이 아니다
저 배동 보리는
나에게 보리가 아니다

누군가의 손길 닿은
것들, 끝내 계량할 수 없는
훤히 속셈이 보인다
그래, 큰 차이가 없구나
감추거나 드러내거나

강물 건너오는 바람처럼
자유롭지 못한 나는
波紋처럼 증식하는 속셈을

꼭꼭 감춘다,
저 형형한 현판처럼

꽃

꽃은 묻지 않는다
바위 틈새나 절벽에서

왜 피어야 하는가
하필 이곳인가

계산 없이도 아름다운
저, 직관의 삶들

나도 저렇게 살고 싶다
질문 많은 세상을

눈물

불 꺼진 늦은 밤
홀로 그는 눈물을 흘렸다
무언가 결심할 때도
분노 솟구칠 때도
누군가 그리울 때도

서 있는 자리에서
언제나 그는 평범했지만
늘 평범하지 못했다
세상이 그렇게 만들었다

흩날리는 복사꽃 아래
무성한 노거수 그늘
은행잎들 바람에 쓸리는 거리
진눈깨비 퍼붓는 골목길

자신이 가여워서
가끔 그는 눈물을 흘렸다
아무도 믿지 않지만
평생 자신을 위해 한 일은
그것이 전부였다

놀이터에서

휴일 오후, 나는 집 근처 놀이터 벤치에 앉아 잠깐 여유를 부린다. 옆 벤치에서 한 떼의 아이들이 웃으며 떠들고 있다. 머리 위 황금빛 은행잎보다 빛나는 아이들. 무엇이 저토록 저들을 빛나게 하는가. 아, 나에게도 저런 때가 있었을까. 흘러간 시간과 다가오지 않은 시간, 그 간격은 나의 그리움과 아이들의 설렘을 직조한다. 허나 저들은 나이가 들면서 깨달을 것이다. 우리 삶은 원치 않은 것들의 개입으로 자꾸 指針이 변경된다는 것을. 아이들은 서둘러 어디론가 몰려가고, 나는 텅 빈 놀이터에서 그들이 무심결에 흘리고 간 웃음을 줍는다. 그들은 흘러간 시간을 바꾸고 싶은 무서운 순간을 만나지 않기를 바란다. 바람이 불지 않아도 은행잎은 진다.

길

새삼스럽게 깨닫는다
다람쥐 토끼 노루 멧돼지
산에 와보니 목숨들은
모두 길이 있구나
그것은 자기 힘으로 꿈꾸는
고달픈 시간의 흔적
그들은 온몸으로 길을 냈으리라
가시덤불에도 절벽에도
산은 전체가 길인데
어디도 내가 낸 길은 없고
한 걸음도 갈 수 없구나
저 산 아래에서 나는
남의 길을 의기양양 걸으며
남의 것을 내 것처럼
허세 부렸구나, 산에 와서
새삼스럽게 깨닫는다
스스로 길을 내지 않는 자는
함부로 꿈꾸지 마라

獨酌

혼자 술을 마신다
술도 나도 말하지 않는다
그 옛날에 술은
말이 많아 가끔 짜증도 났지만
벗들은 불평하지 않았지
원하지 않은 시간 속
잃을 것 많은 나이가 되어가며
純正하고 明澄했던 말들
조금씩 경계를 허물고
언제부턴가 나는
술상을 독차지하고 있었다
그들은 어디에 있을까,
꿈꾸지 않는 시간들
열심히 살았다 큰소리치고
세상이 성에 안 찬다
즐겁게 한탄하며 늙고 있을까
가끔 혼자 술도 마실까
옛 벗들이여, 잊지 말게나
혼자 술을 마시면
필름이 끊겨선 안 된다

고향

늙은 귀목나무가 동구를
지키는 산골 마을
곱슬머리와 부사리 눈
씨익 웃으면 뻐드렁니 엿보이는
한 소년이 살았습니다
철도 들기 전에 동무들
황량한 세상을 향해
風媒花처럼 흩날릴 때는
귀목나무 곁에 서 있었습니다
끝은 꼭 빈주먹인 시간들
속절없이 흘러도
논에선 벼 포기가 되어
밭에선 고추나무가 되어
그렇게 오십 년을 살았습니다
이제 귀목나무도 없는
적막한 산골 마을
늙은 농부 하나 살고 있습니다
꿈에 떡 얻어먹듯
옛 동무들 손님으로 찾는
빈 마을을 지키며

道

저어, 형제님
도를 알고 싶지 않으세요
말쑥한 청년 하나
불쑥 앞을 가로막고
나는 피곤한 고개를 저었다
뭐라고 지껄이며
몇 걸음 따라오던 도는
퇴근 인파에 휩쓸려 사라졌다
개미굴 같이 뚫린
강남역 지하상가
그렇게 우리는 헤어졌다
다시 만날 기약 없이
훗날 어디선가 遭遇한다 해도
서로 알아볼 수 없으리라

저어, 독자 여러분
혹시 도를 알고 계십니까?

나그네

내가 원하는 것 있을까
옛날엔 산 앞에 서면
궁금증은 발걸음을 앞서 갔다
산 너머 산, 그 너머가
산 또 산일지라도
끝까지 가보고 싶었다
그 어딘가 내가 원하는 것은
반드시 있을 것이다
언제부터였을까, 없어졌다
절망을 견디던 희망
내 시간을 지배하던 열정
나를 긴장시키던 즐거운 고통
이제 산 앞에 서도
그 너머가 궁금하지 않다
남은 여정이 두렵다

겨울 산

위험해,
가시덤불도 나무도 없는
평지 같은 그곳
바닥이 없는 허방다리
매복하고 있다
아름다운 雪花들도
방심을 노리는 고도의 술수
네가 보는 것, 항상
진실이 아니다
시퍼렇게 날선 비수를
감춘 저 웃음
더 이상 속지 마라

갈꽃

흔들리지 않겠다
늘 다짐하며 흔들리는
갈꽃을 본다

바람, 바람이야
난 그 흔적일 뿐이야
그래도, 죄는
내 몫

지금 흔들리는 것은
저 갈꽃도 바람도 아니다
내 마음이다

흔들리지 않겠다
늘 다짐하며 흔들리는
내 마음을 본다

5

장난감

상도초등학교 정문 앞,
분홍 파랑 보라 주홍 염색 당한
갓 부화한 병아리들
가득 라면박스에 담겨 있다

천 원 한 장을 꼭 쥐고
옹기종기 둘러앉아
장난감 병아리를 고르는, 즐거운
병아리 같은 아이들

감별사 손끝이 스친 순간
버림받은 생명들
장난감이라도 된 것을 다행으로
생각해야 하는 걸까

서너 발짝 떨어진 곳
모여든 아이들 눈치를 살피는
허름한 사내 하나
자꾸 담배를 빨아댄다

산수유나무

먼 산에 殘雪이 남았는데도
내가 아는 산수유나무들은
수천만 개 노랑 꽃燈을
서둘러 세상에 내걸었습니다, 세상은
더 없이 환해지고
더 없이 생기가 넘치고
나는 그들을 마음에 품었습니다
너무 황홀하게 눈부시고
미처 생각하지 못했습니다
꽃燈 숫자만큼, 그들은
남몰래 속울음 울었다는 것을
허망하게 꽃燈들 꺼지고
그 산수유나무들을 떠난 나는
부평초처럼 세상을 떠돌다 돌아오고
어느 가을날 보았습니다
수천만 개 붉은 산수유를

만리향

蘆花의 바닷가 마을
호기심은 여행객에게 빈집을
엿보게 만든다

대문 어귀,
흐드러진 乳白의 꽃
은은한 향기를 뿜어대며
내게 달려든다

그곳 친구의 대답은
만리향! 만리향?

아아, 지금쯤
이 세상 어디선가 누구는
또 병이 도지겠구나

상처는 풍경을 낳는다 I

상도터널 막 벗어난 이화약국 건너편, 아무도 존경하지 않는 전직 대통령 사저로 향하는 사통오달 골목길을 지키는 어린 전경들 수십 대 닭장차를 배경으로 삼삼오오 흩어져 점심을 먹는다. 식어버린 밥과 국물처럼 싸늘한 저들의 얼굴. 결코 싸락눈 흩뿌리는 꽃샘추위 때문만은 아니리라. 눈부시게 흐드러진, 가파른 축대를 거슬러 오르는 철없는 개나리꽃들.

상처는 풍경을 낳는다 Ⅱ

늦은 밤 영등포역 대합실 앞 통로. 컵라면을 가득 담은 마대자루 옆에서 말쑥한 청년들 옹위를 받으며 중년 목사 하나 소리 높여 복음을 전파하고 있다. 컵라면 하나의 유혹 저렇게 컸던 적 있을까. 소금 세례 받은 배춧잎 같은, 대열 지어 빼곡히 앉아 있는 노숙자들. 기름기 자르르 흐르는 복음, 메아리 없이 흩어지는 우렁찬 찬송가를 끝으로 지루하고 지루한 목사의 원맨쇼가 끝났다. 빼앗듯 컵라면을 배급받은, 부끄러움을 되찾은 그들은 솔개 본 꺼병이처럼 흩어진다. 하느님의 종들이 마대자루가 넘치도록 주워 담는다, 어리석은 양들에게 자근자근 짓밟히는 쓰레기가 된 복음과 찬송가를.

상처는 풍경을 낳는다 Ⅲ

흐드러진 벚꽃들 한 차례 휘몰아간 비바람에 허망하게 지고 난 거리. 크고 작은 깃발과 손 팻말이 난무하는, 질끈 머리띠 두른 어린애, 妊婦, 노인까지 가담한 행렬과 방석모를 쓴 무표정한 방패들이 戰線을 이뤄 대치하고 있다. 저 방패 뒤에 숨어 있는 것은 무엇인가. 저 볼썽사나운 대결을 우리의 새로운 습성으로 길들인 것은 무엇인가. 언제나 패배자만 남는, 깊은 후유증만 남고 마는, 원한도 없이 누군가를 증오하는 저 전쟁은 언제쯤 끝날 수 있을까.

상처는 풍경을 낳는다 Ⅳ

굳게 닫힌 교문을 열고 들어선다. 殷盛한 플라타너스 그늘도, 뭉게구름 느릿느릿 걸어가는 운동장도, 책걸상 열 맞춰 앉은 교실도 텅 비어 있다. 아이들은 어디에 있는가. 문득 철봉을 넘고, 떼 지어 축구공을 쫓아다니고, 시소를 타고, 고무줄을 넘고…… 뒤죽박죽이 된 운동장, 까마득하게 잊은 어린 내 웃음소리도 들린다. 교실 앞 화단, 정지된 시간 속에 웃자란 향나무들 사이사이 선홍색 칸나꽃들 피어나고 있다. 무엇인가, 아무런 희망도, 미래도 없는, 세상에서 가장 적막한 풍경을 빚어낸 것은.

상처는 풍경을 낳는다 V

興盛한 세밑 거리. 백동전 서너 닢 담긴 빨간 플라스틱 바구니 앞에 놓고 검은 안경 쓴 맹인가수 하나 하모니카를 불고 있네. 팔짱 낀 연인들 웃으며, 아저씨들 아줌마들 느긋한 걸음으로, 어린 학생들 재잘재잘 지나가네……. 모두 그 앞에선 굳게 눈 감고 귀 닫고, 머물 곳을 찾지 못한 가냘픈 음계들 하릴없이 허공에 흩어지네. 波市처럼 흥청거리는 도시 한복판. 나는 보고 있네, 관객 한 명 없는, 박수갈채 한 번 없는, 우리 세상의 가장 쓸쓸한 음악회를.

세상의 이치

— 어느 꽃집에서

막 꽃잎 터진 백합꽃
누구에게 가나
어떤 순진한 청년은 지갑을 털고
날라리 아가씨가 안겠지
그녀는 생각할까
저 꽃에 숨은 흐뭇한 웃음을
그 뒤에 숨어 있는 피땀을
그저 기쁨에 취할 거야
날라리 그 아가씨
착각을 깨기도 전에 백합꽃
쓰레기통으로 가고
대기하고 있던 청소차가 실어가고
매립장에 묻히는 순간도
어디선가 누군가는
백합꽃을 가꾸고 있을 거야
늘 세상은 그렇지 뭐

노량진의 여름

— 최병일 선생에게

알량한 지식을
더 많이 팔지 못해 안달하는
교육자가 아닌 우리는
지식장사꾼

아침 여섯 시,
자칭 교수실에 들어서면
자판기 커피를 마시거나 혹은
담배를 피우는
장사꾼들이 즐비하다

기생오라비 같은 한 某
늘 수면 부족에 시달리는 최 某
老娼 같은 남 某
만삭의 배불뚝이 조 某

교수실을 가득 채운
돈毒 오른 눈알들이 내뿜는
끈적끈적한 열기
아침부터 온몸을 옥죈다

석창리에서 I

내 마음은 거미줄처럼 금이 갔다. 곳곳에 치유할 수 없는 상처들이 덧나 있고, 풍문으로 들었던 거만한 콘크리트 건물들은 거대한 포신들을 쳐들어 푸른 하늘을 겨누고 있었다. 하얀 포말이 아우성치는 弓形의 방파제에 늘어앉아 갯장어를 낚던 조무래기들도, 동백꽃 노을 함지박 가득 이고 해거름 바다에서 걸어 나오던 아낙들도, 집어등 같은 연분홍 色燈을 밝히던 선창가 술집들도 거짓말처럼 사라지고 없었다. 나는 이곳에서 累千年 찬란한 생명의 빛을 내뿜던 많은 것들이 어떤 사악한 힘에 눌려 쫓겨 갔음을 보았다.

석창리에서 Ⅱ

무량의 물비늘이 섬뜩한 무지개를 피운 엷은 기름띠를 퇴적하고 있는 이름뿐인 포구. 꼭두서벽 자신의 시간 속으로 출항했던 늙은 부부 어부가 돌아온다. 잡어 몇 마리 널브러진 고물 뒤 지워지는 물길처럼 흘러갔을 시간들. 저들은 무엇을 건지고 싶어 한평생 저 넓은 가슴에 그물을 던졌을까. 원하던 것은 건져 올렸을까. 온몸으로 치자색 눈물을 글썽이는 바다여, 걱정하지 않아도 돼. 삶이 남은 한 끝나는 것은 아무것도 없어. 나는 저들의 야윈 등 뒤에서 눈부시게 빛나는 흘러간 시간들을 본다.

고향에 가서

흘러간 시간만큼 낯설어졌네. 시멘트 포장된 고샅에 주차한 트럭들, 언뜻언뜻 보이는 양옥들, 무성한 남새밭이 된 집터들, 간간이 만나는 삶에 지쳐버린 허깨비 같은 노인들의 희미한 웃음. 아, 너무 늦었구나! 벼슬 가듯 자랑스럽게 떠났던, 헛된 약속을 남겼던, 헤아리기도 힘든 흘러가버린 그때는 언제였던가. 손님이 되어 머뭇머뭇 옛집에 들어서네. 마당귀에 눈부시게 피어난 빨강 하양 분홍 접시꽃들, 저들만 홀로 곱네. 내가 잃어버린 꿈처럼.

어느 날의 귀가

싸늘한 불빛을 뿌리는, 증축한 교회 십자가가 굽어보는 월산동 언덕길. 날 바뀌도록 귀갓길 늦은 남정네를 기다리는 듯한 아낙 하나 잠든 어린애를 업고 시커멓게 멍든 가로등으로 빛나고 있네. 낮은 곳이 제격인 것들 높은 곳에서 더 높아지고, 하루살이들의 낮은 처마는 깊은 어둠에 휩싸여 있네. 목젖까지 차오른 숨결 고르며 문득 나는 돌아보네. 여전히 아낙은 그 자리에 그린 듯 서 있고, 나도 생면부지 그가 탈 없이 돌아오기를 비네. 내 여자의 마음을 헤아리듯.

아버지의 수업

평생 사냥꾼이었던 선친은 손수 기른 개들 속에서 당신의 방법으로 사냥개를 고르셨다. 그것은 개들에게 훈련용으로 사육한 멧돼지를 선뵈는 것이었다. 난생 처음 멧돼지와 대면한 개들, 제각각 다른 풍경을 연출했다. 관심 없이 딴전 피우는 놈, 멀뚱멀뚱 바라보는 놈, 뒷다리 새에 꼬리 끼우고 도망치는 놈, 다짜고짜 짖으며 달려드는 놈. 그 풍경 속에서 선친은 철없는 아들에게 말씀하셨다. 사냥개는 사냥감을 알아보는 본능이 있어야 한다, 안 그러면 아무 쓸모가 없다, 사람이나 개나 똑같다. 사냥개를 고른 선친은 어김없이 전화를 거셨다. 땅거미가 내릴 무렵, 면소재지 보신탕집 낯익은 아저씨가 나타났다. 털털거리는 짐바리 오토바이를 타고.